LES TITRES

DE

LA DYNASTIE NAPOLÉONIENNE.

SE VEND CHEZ HENRI PLON,

RUE GARANCIÈRE, N° 8, A PARIS.

LES TITRES

DE

LA DYNASTIE NAPOLÉONIENNE.

Vox populi vox Dei.

PARIS.

IMPRIMERIE IMPÉRIALE.

M DCCC LXVIII.

LES TITRES

DE

LA DYNASTIE NAPOLÉONIENNE.

Vox populi vox Dei.

Nous avons eu la pensée de réunir dans une même publication les diverses manifestations de la volonté nationale qui, sous les deux Républiques et sous les deux Empires, ont fondé la dynastie Napoléonienne. Il nous a semblé que de ce rapprochement, curieux pour l'histoire, il pouvait sortir un grand enseignement politique.

NAPOLÉON Ier.

NAPOLÉON I{ᴱʳ}.

CONSULAT DÉCENNAL.

DÉCEMBRE 1799.

Le 18 brumaire venait de sauver la France et la Révolution; les institutions consulaires avaient remplacé le Directoire; mais le nouveau gouvernement ne tenait ses pouvoirs que de la nécessité : pour se légitimer, il dut s'offrir à l'acceptation du peuple.

Les Consuls provisoires présentèrent à la nation la Constitution du 22 frimaire an VIII [1].

Il était dit dans le préambule :

« La Constitution est fondée sur les vrais principes du
« Gouvernement représentatif, sur les droits sacrés de la
« propriété, de l'égalité et de la liberté.

« Les pouvoirs qu'elle institue sont forts et stables, tels

---

[1] 24 frimaire an VIII (15 décembre 1799).

« qu'ils doivent être pour garantir les droits des citoyens et
« les intérêts de l'État.

« *La Révolution est fixée aux principes qui l'ont com-*
« *mencée; elle est finie.* »

Un article de cette constitution proposait la nomination du général Bonaparte aux fonctions de Premier Consul pour dix ans [1].

Le pays fut consulté. Des registres, destinés à recueillir le vœu national, demeurèrent ouverts pendant trois jours aux secrétariats de toutes les administrations, aux greffes de tous les tribunaux, entre les mains des agents communaux, des juges de paix et des notaires [2].

La proclamation des Consuls, qui fait connaître le résultat du vote [3], contient un tableau comparatif montrant l'infériorité numérique des suffrages réunis par les constitutions antérieures. Ainsi, la constitution de 1791 n'avait pas été soumise à la sanction populaire, celle de 1793 n'avait été adoptée que par 1,801,918 voix, contre 11,600, et celle de l'an III n'en avait obtenu que 1,057,390, contre 49,977. Le recensement de l'an VIII donna les chiffres suivants :

Votants.	Acceptants.	Refusants.
3,912,569	3,911,007	1,562

« Le nombre des refusants, dit le rapport du ministre de

---

[1] Constitution du 22 frimaire an VIII, titre IV, art. 39 et 41 ; titre VIII, art. 95.
[2] Loi du 23 frimaire an VIII, art. 2 et 3.
[3] Proclamation des Consuls du 8 février 1800.

« l'intérieur aux Consuls, est trente fois plus faible que les
« rejets de la constitution de l'an III⁽¹⁾. »

A la majorité de près de quatre millions de suffrages, le général Bonaparte était nommé pour dix ans Premier Consul.

[1] Rapport présenté le 18 pluviôse an VIII, par le ministre de l'intérieur, aux Consuls.

CONSULAT A VIE.
1802.

On sait combien furent réparatrices et fécondes les premières années du Consulat.

« Depuis quelque temps, dit M. Thiers, on se demandait
« si on ne donnerait pas un grand témoignage de gratitude
« nationale à l'homme qui, en deux années et demie, avait
« tiré la France du chaos et l'avait réconciliée avec l'Europe,
« avec elle-même et déjà presque complétement organisée.
« Ce sentiment de reconnaissance était universel et mérité...
« Sauf un petit nombre de royalistes et de jacobins, per-
« sonne n'aurait compris, personne n'aurait voulu que le
« pouvoir passât dans d'autres mains que celles du général
« Bonaparte. On regardait la continuation indéfinie de son
« autorité comme la chose la plus simple et la plus inévi-
« table... En faisant le bien, il avait obéi à son génie; en
« le faisant, il en avait espéré le prix. Il n'y avait là rien de
« coupable, d'autant plus que, dans sa conviction et dans la
« vérité, pour achever ce bien, il fallait longtemps encore un
« chef tout-puissant. Le moment où tant d'actes mémorables
« venaient de se succéder coup sur coup était celui que le
« Premier Consul avait désigné et que le public était prêt
« à accepter pour une grande manifestation. Dans un pays
« qui ne pouvait pas se passer d'une autorité forte et créatrice,
« il était légitime de prétendre au pouvoir suprême, quand
« on était le plus grand homme de son siècle et l'un des plus

« grands hommes de l'humanité. Washington, au milieu
« d'une société démocratique, exclusivement commerciale et
« pour longtemps pacifique, Washington avait eu raison de
« montrer peu d'ambition. Dans une société républicaine
« par accident, monarchique par nature, entourée d'ennemis,
« dès lors militaire, ne pouvant se gouverner et se défendre
« sans unité d'action, le général Bonaparte avait raison d'as-
« pirer au pouvoir suprême, n'importe sous quel titre [1]. »

Ce fut le Tribunat qui, le 6 mai 1802, à l'occasion de la présentation du traité d'Amiens, émit le vœu qu'il fût *accordé au Premier Consul un gage éclatant de la reconnaissance nationale.*

Le lendemain le Sénat reçut le vœu du Tribunat et proposa de prolonger d'une nouvelle période de dix ans les pouvoirs déjà décennaux du général Bonaparte [2]. Le jour suivant le Premier Consul adressa au Sénat, qui lui avait envoyé un message, une réponse où, déclinant l'offre de cette assemblée, il exprima la volonté de tenir son autorité de la nation. « Le suffrage du peuple, disait-il, m'a investi de
« la suprême magistrature. Je ne me croirais pas assuré de
« sa confiance, si l'acte qui m'y retiendrait n'était pas sanc-
« tionné par son suffrage [3]. » La même pensée sur laquelle il insistait, se trouve dans ses allocutions au Corps législatif et au Tribunat [4].

---

[1] Thiers, *Histoire du Consulat et de l'Empire*, tome III, livre IV, *passim*.
[2] Sénatus-consulte du 18 floréal an x (8 mai 1808).
[3] Message du Premier Consul au Sénat (19 floréal an x).
[4] Allocutions au Corps législatif et au Tribunat (24 floréal an x).

Le 10 mai un arrêté consulaire, préparé par le Conseil d'État, fut publié au *Moniteur* [1]; il était ainsi conçu :

« Les Consuls de la République,

« Considérant que la résolution du Premier Consul *est
« un hommage rendu à la souveraineté du peuple;* que le
« peuple, consulté sur ses plus chers intérêts, ne doit con-
« naître d'autre limite que ses intérêts mêmes,

« Arrêtent, etc. etc.

« Le peuple français sera consulté sur cette question :
« NAPOLÉON BONAPARTE SERA-T-IL CONSUL À VIE? »

Le même mode de votation qu'en l'an VIII fut adopté [2].

« La population, dit encore l'éminent historien du Con-
« sulat et de l'Empire [3], se présentait avec empressement
« aux mairies, aux greffes des tribunaux, chez les notaires,
« pour donner une réponse affirmative à la question posée
« par le Conseil d'État. On évaluait entre trois et quatre
« millions le nombre des votes qui étaient ou qui allaient
« être donnés. C'est peu en apparence sur une population
« de trente-six millions d'âmes; c'est beaucoup, c'est plus
« qu'on ne demande et qu'on n'obtient dans la plupart des
« constitutions connues, où trois, quatre, cinq cent mille
« suffrages au plus expriment les volontés nationales. En
« effet, sur trente-six millions d'individus, il y en a la moitié
« à écarter comme appartenant à un sexe qui n'a pas de

---

[1] Arrêté des Consuls du 20 floréal an X.
[2] Arrêté des Consuls du 20 floréal an X.
[3] *Histoire du Consulat et de l'Empire*. tome III, livre IV. *passim*.

« droits politiques. Sur les dix-huit millions restants, il y a
« les vieillards, les enfants, qui réduisent à douze millions
« au plus la population mâle et valide d'un pays. C'est donc
« un nombre extraordinaire, si on songe aux hommes tra-
« vaillant de leurs mains, la plupart illettrés, sachant à peine
« sous quel gouvernement ils vivent, c'est un nombre extra-
« ordinaire que celui de quatre millions d'habitants sur
« douze amenés à se former une opinion, et surtout à l'ex-
« primer.

« Il y avait, toutefois, quelques dissidents républicains ou
« royalistes qui venaient exprimer leur vœu négatif, et qui,
« par leur présence, attestaient la liberté de tout le monde.
« Mais c'était une minorité imperceptible... Jamais gouver-
« nement n'a obtenu un tel assentiment et ne l'a mérité au
« même degré. »

Une commission du Sénat fut chargée de vérifier les registres des votes, et le 3 août 1802 le Sénat tout entier apporta aux Tuileries le sénatus-consulte qui proclamait la volonté du peuple [1]. Le Premier Consul répondit en ces termes :

« La vie d'un citoyen est à sa patrie. Le peuple français
« veut que la mienne tout entière lui soit consacrée ; j'obéis
« à sa volonté.

« Par mes efforts, par votre concours, citoyens Séna-
« teurs, par le concours de toutes les autorités, par la con-
« fiance et la volonté de cet immense peuple, la liberté,
« l'égalité, la prospérité de la France seront à l'abri des

---

[1] Sénatus-consulte du 14 thermidor an x (2 août 1802).

« caprices du sort et de l'incertitude de l'avenir. Le meil-
« leur des peuples sera le plus heureux, comme il est le
« plus digne de l'être, et sa félicité contribuera à celle de
« l'Europe entière.

« Content alors d'avoir été appelé, par l'ordre de celui
« de qui tout émane, à ramener sur la terre l'ordre, la jus-
« tice, l'égalité, j'entendrai sonner la dernière heure sans
« regret et sans inquiétude sur l'opinion des générations
« futures. »

Nous donnons le relevé exact des suffrages qui furent recueillis à cette époque [1] :

Votants.	Acceptants.	Refusants.
3,577,259	3,568,185	9,074

A la majorité de plus de trois millions et demi de suffrages le Premier Consul était nommé Consul à vie.

---

[1] Sénatus-consulte du 14 thermidor an x (2 août 1802).

EMPIRE.
1804.

Deux ans s'étaient à peine écoulés depuis la prorogation de l'autorité confiée au Premier Consul, que de toutes parts l'hérédité de la suprême magistrature était réclamée comme une sauvegarde contre les complots et les agitations ennemies. Des adresses envoyées par les colléges électoraux et les conseils municipaux demandaient le rétablissement de la monarchie.

Le 27 mars 1804 le Sénat appelle l'attention du Premier Consul sur la nécessité d'assurer la durée des institutions nouvelles. Le Premier Consul répond [1] :

Saint-Cloud, 5 floréal an xii (25 avril 1804).

« Sénateurs,

« Votre adresse du 6 germinal dernier n'a pas cessé d'être présente à ma pensée; elle a été l'objet de mes méditations les plus constantes.

« Vous avez jugé l'hérédité de la suprême magistrature nécessaire pour mettre le peuple français à l'abri des complots de nos ennemis et des agitations qui naîtraient d'ambitions rivales. Plusieurs de nos institutions vous ont, en même temps, paru devoir être perfectionnées pour assurer, sans retour, le triomphe de l'égalité et de la liberté publique, et offrir à la nation et au gouvernement la double garantie dont ils ont besoin.

« Nous avons été constamment guidés par cette grande vérité, que la souveraineté réside dans le peuple français, en

---

[1] Message du Premier Consul au Sénat (25 avril 1804).

ce sens que tout, tout sans exception, doit être fait pour son intérêt, pour son bonheur et pour sa gloire. C'est afin d'atteindre ce but que la suprême magistrature, le Sénat, le Conseil d'État, le Corps législatif, les colléges électoraux et les diverses branches de l'administration sont et doivent être institués.

« A mesure que j'ai arrêté mon attention sur ces grands objets, je me suis convaincu davantage de la vérité des sentiments que je vous ai exprimés, et j'ai senti de plus en plus que, dans une circonstance aussi nouvelle qu'importante, les conseils de votre sagesse et de votre expérience m'étaient nécessaires pour fixer toutes mes idées.

« Je vous invite donc à me faire connaître votre pensée tout entière. Le peuple français n'a rien à ajouter aux honneurs et à la gloire dont il m'a environné; mais le devoir le plus sacré pour moi, comme le plus cher à mon cœur, est d'assurer à ses enfants les avantages qu'il a acquis par cette révolution qui lui a tant coûté, surtout par le sacrifice de ce million de braves morts pour la défense de ses droits.

« Je désire que nous puissions lui dire, le 14 juillet de cette année : Il y a quinze ans, par un mouvement spontané, vous courûtes aux armes, vous acquîtes la liberté, l'égalité et la gloire. Aujourd'hui ces premiers biens des nations, assurés sans retour, sont à l'abri de toutes les tempêtes; ils sont conservés à vous et à vos enfants; des institutions conçues et commencées au sein des orages de la guerre intérieure et extérieure, développées avec constance, viennent de se terminer, au bruit des attentats et des complots de nos plus mortels ennemis, par l'adoption de tout ce que l'expérience des siècles et des peuples a démontré propre à garantir les droits que la nation avait jugés nécessaires à sa dignité, à sa liberté et à son bonheur. »

Le Sénat avait le droit de changer le titre de Consul en celui d'Empereur, la modification étant purement de forme, puisque le général Bonaparte était Consul à vie; mais ce qui dépassait sa prérogative, ce qui ne pouvait être légalement fait que par un plébiscite, c'était de déclarer le pouvoir héréditaire.

Sur le vœu exprimé par le Tribunat, une commission de sénateurs, à laquelle s'étaient adjoints les ministres et les Consuls, prépare le sénatus-consulte qui proclame Napoléon Bonaparte Empereur et soumet à la nation la question d'hérédité de la dignité impériale[1]. Le Sénat l'adopte et porte cet acte à Saint-Cloud. Le Premier Consul prononce ces paroles :

« Tout ce qui peut contribuer au bien de la patrie est « essentiellement lié à mon bonheur.

« J'accepte le titre que vous croyez utile à la gloire de la « nation.

« *Je soumets à la sanction du peuple la loi de l'hérédité.*
« J'espère que la France ne se repentira jamais des honneurs « dont elle environnera ma famille.

« *Dans tous les cas, mon esprit ne serait plus avec ma* « *postérité le jour où elle cesserait de mériter l'amour et la* « *confiance de la grande nation.* »

Le sénatus-consulte organique du 28 floréal an XII présentait à l'assentiment du peuple la proposition suivante[2] :

« LE PEUPLE VEUT L'HÉRÉDITÉ DE LA DIGNITÉ IMPÉRIALE DANS

---

[1] Sénatus-consulte du 28 floréal an XII (18 mai 1804).
[2] Sénatus-consulte du 28 floréal an XII, titre XVI, art. 142.

« LA DESCENDANCE DIRECTE, NATURELLE, LÉGITIME ET ADOPTIVE DE
« NAPOLÉON BONAPARTE, ET DANS LA DESCENDANCE DIRECTE, NATU-
« RELLE ET LÉGITIME DE JOSEPH BONAPARTE ET DE LOUIS BONAPARTE,
« AINSI QU'IL EST RÉGLÉ PAR LE SÉNATUS-CONSULTE DE CE JOUR. »

Les registres sur lesquels les Français furent appelés à consigner leurs vœux restèrent ouverts pendant douze jours [1]. « Les suffrages affirmatifs se comptaient par mil-
« lions, dit M. Thiers, et à peine quelques suffrages néga-
« tifs, fort rares, placés là pour prouver la liberté dont on
« jouissait, se faisaient-ils apercevoir dans la masse immense
« des votes favorables. » Voici le relevé des votes émis [2] :

Votants.	Acceptants.	Refusants.
3,524,254	3,321,675	2,579

A la majorité de près de trois millions et demi de suffrages la dignité impériale était déclarée héréditaire dans la famille de Napoléon Bonaparte et dans celles de ses frères Joseph et Louis Bonaparte.

Le 1er décembre 1804, le Sénat se rendit à Saint-Cloud, apportant à Napoléon le résultat du vote populaire. Le nouvel Empereur répondit par le discours qu'on va lire :

« Je monte au trône où m'ont appelé le vœu unanime
« du Sénat, du peuple et de l'armée, le cœur plein du
« sentiment des grandes destinées de ce peuple que, du
« milieu des camps, j'ai le premier salué du nom de Grand.

---

[1] Décret du 29 floréal an XII (19 mai 1804).
[2] Sénatus-consulte du 15 brumaire an XIII (6 novembre 1804).

« Depuis mon adolescence, mes pensées tout entières
« lui sont dévolues; et, je dois le dire ici, mes plaisirs et
« mes peines ne se composent plus aujourd'hui que du
« bonheur ou du malheur de mon peuple.

« *Mes descendants conserveront longtemps ce trône.*

« Dans les camps, ils seront les premiers soldats de
« l'armée, sacrifiant leur vie pour la défense de leur pays.

« Magistrats, ils ne perdront jamais de vue que le mépris
« des lois et l'ébranlement de l'ordre social ne sont que le
« résultat de la faiblesse et de l'incertitude des princes.

« Vous, Sénateurs, dont les conseils et l'appui ne m'ont
« jamais manqué dans les circonstances les plus difficiles,
« votre esprit se transmettra à vos successeurs. Soyez tou-
« jours les soutiens et les premiers conseillers de ce trône,
« si nécessaire au bonheur de ce vaste Empire. »

NAPOLÉON III.

NAPOLÉON III.

PRÉSIDENCE DE LA RÉPUBLIQUE.

1848.

Cinquante ans sont passés. L'Empire a été renversé par l'étranger, la Restauration et le Gouvernement de Juillet l'ont été par le peuple; la France est en République, et l'héritier de Napoléon, celui que le sénatus-consulte de floréal an XII appelait au trône, est en exil.

Les suffrages du pays vont l'y trouver. Le Prince Louis-Napoléon est nommé représentant du peuple par quatre départements : la Charente-Inférieure, l'Yonne, la Seine et la Corse. Il décline le mandat qui lui est offert et reste sur la terre étrangère, où le sentiment ombrageux du Gouvernement provisoire l'avait repoussé. Son nom reparaît avec une nouvelle insistance dans toutes les élections partielles, et, pour la deuxième fois, les quatre départements qui l'avaient élu, s'augmentant du département de la Meuse, l'appellent à faire partie de l'Assemblée nationale.

Le Prince rentre alors en France et adresse à ses concitoyens un manifeste où il leur dit : « Pour me rappeler de « l'exil, vous m'avez nommé représentant du peuple. A la

« veille d'élire le premier magistrat de la République, mon
« nom se présente à vous comme un symbole d'ordre et de
« sécurité. »

Quelques mois plus tard, les élections pour la nomination du chef de l'État ont lieu, et, malgré toute la puissance d'un gouvernement établi, malgré tous les efforts d'une presse généralement hostile, le Prince est élu Président de la République. Le scrutin donne le résultat ci-après :

Suffrages exprimés.	7,542,936
Prince Louis-Napoléon	5,587,759
Général Cavaignac	1,474,687
Ledru-Rollin	381,026
Raspail	37,121
Lamartine	21,032
Général Changarnier	4,975
Voix perdues	12,435
Bulletins annulés	23,991

Ces chiffres sont extraits du rapport présenté à l'Assemblée nationale dans la séance du 20 décembre. Le rapporteur ajoutait que ce n'était pas encore le résultat complétement officiel du travail de la Commission, et qu'elle s'était réservé d'en faire une nouvelle vérification. Mais il n'a été trouvé nulle trace d'une révision rectificative, qui paraît n'avoir jamais eu lieu. Un grand nombre de bulletins portant ces mots : *Napoléon, Empereur*, avaient été annulés.

A la majorité de 5,587,759 voix, le Prince Louis-Napoléon était nommé Président de la République.

PRÉSIDENCE DÉCENNALE.

1851.

On se rappelle encore l'état des esprits à la fin de cette année de 1851, qui est la date d'une ère nouvelle pour la France. A cette époque, tandis que le pays, qui avait élu avec un si grand enthousiasme le prince Louis-Napoléon, ne demandait qu'à lui confier ses destinées et attendait de lui son salut, l'Assemblée législative, recrutée en majorité parmi les débris des anciens partis, donnait le spectacle d'une coalition passionnée conspirant hautement, dans de tumultueuses délibérations, contre le Président de la République. Entre deux pouvoirs sortis de l'élection, le peuple seul pouvait prononcer. Le Prince Louis-Napoléon fit un appel au peuple. Il lui adressa la proclamation qui suit :

Élysée, le 2 décembre 1851.

APPEL AU PEUPLE.

« FRANÇAIS !

« La situation actuelle ne peut durer plus longtemps. Chaque jour qui s'écoule aggrave les dangers du pays. L'Assemblée, qui devait être le plus ferme appui de l'ordre, est devenue un foyer de complots. Le patriotisme de trois cents de ses membres n'a pu arrêter ses fatales tendances. Au lieu de faire des lois dans l'intérêt général, elle forge des armes pour la guerre civile; elle attente au pouvoir que je tiens directement du peuple; elle encourage toutes les mauvaises passions; elle compromet le repos de la France : je l'ai dissoute, et je rends le peuple entier juge entre elle et moi.

« La Constitution, vous le savez, avait été faite dans le but d'affaiblir d'avance le pouvoir que vous alliez me confier. Six millions de suffrages furent une éclatante protestation contre elle, et cependant je l'ai fidèlement observée. Les provocations, les calomnies, les outrages, m'ont trouvé impassible. Mais aujourd'hui que le pacte fondamental n'est plus respecté de ceux-là mêmes qui l'invoquent sans cesse, et que les hommes qui ont déjà perdu deux monarchies veulent me lier les mains, afin de renverser la République, mon devoir est de déjouer leurs perfides projets, de maintenir la République et de sauver le pays, en invoquant le jugement solennel du seul souverain que je reconnaisse en France, le Peuple.

« Je fais donc un appel loyal à la nation tout entière, et je vous dis : *Si vous voulez continuer cet état de malaise qui nous dégrade et compromet notre avenir, choisissez un autre à ma place*, car je ne veux plus d'un pouvoir qui est impuissant à faire le bien, me rend responsable d'actes que je ne puis empêcher, et m'enchaîne au gouvernail quand je vois le vaisseau courir vers l'abîme.

« Si, au contraire, vous avez encore confiance en moi, donnez-moi les moyens d'accomplir la grande mission que je tiens de vous.

« Cette mission consiste à fermer l'ère des révolutions en satisfaisant les besoins légitimes du peuple et en le protégeant contre les passions subversives. Elle consiste surtout à créer des institutions qui survivent aux hommes et qui soient enfin des fondations sur lesquelles on puisse asseoir quelque chose de durable.

« Persuadé que l'instabilité du pouvoir, que la prépondérance d'une seule Assemblée sont des causes permanentes de trouble et de discorde, je soumets à vos suffrages les bases fondamentales suivantes d'une constitution que les assemblées développeront plus tard :

1° Un Chef responsable nommé pour dix ans ;

2° Des Ministres dépendants du pouvoir exécutif seul ;

3° Un Conseil d'État formé des hommes les plus distingués, préparant les lois et en soutenant la discussion devant le Corps législatif ;

4° Un Corps législatif discutant et votant les lois, nommé par le suffrage universel, sans scrutin de liste qui fausse l'élection ;

5° Une seconde Assemblée, formée de toutes les illustrations du pays, pouvoir pondérateur, gardien du pacte fondamental et des libertés publiques.

« Ce système, créé par le Premier Consul au commencement du siècle, a déjà donné à la France le repos et la prospérité ; il les lui garantirait encore.

« Telle est ma conviction profonde. Si vous la partagez, déclarez-le par vos suffrages. Si, au contraire, vous préférez un gouvernement sans force, monarchique ou républicain, emprunté à je ne sais quel passé ou à quel avenir chimérique, répondez négativement.

« Ainsi donc, pour la première fois depuis 1804, vous voterez en connaissance de cause, en sachant bien pour qui et pour quoi.

« *Si je n'obtiens pas la majorité de vos suffrages, alors je provoquerai la réunion d'une nouvelle assemblée, et je lui remettrai le mandat que j'ai reçu de vous.*

« Mais si vous croyez que la cause dont mon nom est le symbole, c'est-à-dire la France régénérée par la révolution de 89 et organisée par l'Empereur, est toujours la vôtre, proclamez-le en consacrant les pouvoirs que je demande.

« Alors la France et l'Europe seront préservées de l'anarchie, les obstacles s'aplaniront, les rivalités auront disparu, car tous respecteront, dans l'arrêt du peuple, le décret de la Providence. »

Le jour même où cette proclamation avait paru, le suffrage universel, restreint par la loi du 31 mai 1850, était rétabli dans son intégrité, et le peuple français solennellement convoqué dans ses comices pour accepter ou rejeter un plébiscite ainsi formulé :

« LE PEUPLE FRANÇAIS VEUT LE MAINTIEN DE L'AUTORITÉ DE
« LOUIS-NAPOLÉON BONAPARTE ET LUI DÉLÈGUE LES POUVOIRS NÉ-
« CESSAIRES POUR FAIRE UNE CONSTITUTION SUR LES BASES PROPOSÉES
« DANS SA PROCLAMATION DU 2 DÉCEMBRE. »

Un décret[1] disposa que le scrutin serait ouvert pendant les journées des 20 et 21 décembre dans le chef-lieu de chaque commune, depuis huit heures du matin jusqu'à quatre heures du soir, et que le suffrage aurait lieu au scrutin secret, par *oui* ou par *non*, au moyen d'un bulletin manuscrit ou imprimé.

Le résultat du scrutin fut le suivant :

Votants.......................... 8,151,689
Oui.............................. 7,473,431
Non..............................   641,351
Bulletins nuls...................   36,907

Votes de l'armée et de l'Algérie compris.

[1] Décret des 2 et 4 décembre 1851.

A la majorité de 7,439,216 suffrages, le Président de la République était prorogé pour dix ans dans ses pouvoirs.

La Commission consultative, instituée le 2 décembre, avait été chargée du dépouillement des votes. Le 31 décembre, elle porta à l'Élysée le procès-verbal de ses opérations. Le Prince Président prononça à cette occasion le discours suivant :

« Messieurs,

« La France a répondu à l'appel loyal que je lui avais fait. Elle a compris que *je n'étais sorti de la légalité que pour rentrer dans le droit*. Plus de sept millions de suffrages viennent de m'absoudre en justifiant un acte qui n'avait d'autre but que d'épargner à notre patrie et à l'Europe peut-être des années de troubles et de malheurs.

« Je vous remercie d'avoir constaté officiellement combien cette manifestation était nationale et spontanée.

« Si je me félicite de cette immense adhésion, ce n'est pas par orgueil, mais parce qu'elle me donne la force de parler et d'agir ainsi qu'il convient au chef d'une grande nation comme la nôtre.

« Je comprends toute la grandeur de ma mission nouvelle, je ne m'abuse pas sur ses graves difficultés. Mais, avec un cœur droit, avec le concours de tous les hommes de bien qui, ainsi que vous, m'éclaireront de leurs lumières et me soutiendront de leur patriotisme, avec le dévouement éprouvé de notre vaillante armée, enfin avec cette protection que demain je prierai solennellement le ciel de m'accorder encore, j'espère me rendre digne de la confiance que le peuple continue de mettre en moi. J'espère assurer les destinées de la France en fondant des institutions qui répondent à la fois et aux instincts démocratiques de la nation et à ce désir exprimé universellement d'avoir désormais un pouvoir fort et respecté. En effet, donner satisfaction aux exigences du moment en créant un système qui reconstitue l'autorité sans blesser l'égalité, sans fermer aucune voie d'amélioration, *c'est jeter les véritables bases du seul édifice capable de supporter plus tard une liberté sage et bienfaisante.* »

EMPIRE.

1852.

Le Prince Louis-Napoléon avait accepté la prorogation de ses pouvoirs comme Président de la République; fort de l'assentiment populaire, il espérait que dix années d'autorité ferme et libérale lui suffiraient pour réparer les ruines qui avaient été faites et restaurer l'ordre dans la société. Mais la France ne voulait point d'une telle instabilité dans ses institutions; le sentiment monarchique se réveilla en elle avec une irrésistible violence. Au milieu des ovations qu'il recevait sur son passage en allant visiter les départements, le Prince Louis-Napoléon recueillait partout le désir de voir rétablir l'Empire. Tous les conseils généraux envoyaient des adresses exprimant le même vœu. Un mémorable discours fut prononcé par le Prince dans la ville de Bordeaux, qui devint pour ainsi dire le berceau de la monarchie impériale.

De retour à Saint-Cloud, le Prince Président adressa au Sénat ce message :

«Palais de Saint-Cloud, le 4 novembre 1852.

« Messieurs les Sénateurs,

« La nation vient de manifester hautement sa volonté de rétablir l'Empire. Confiant dans votre patriotisme et vos lumières, je vous ai convoqués pour délibérer légalement sur cette grave question et vous remettre le soin de régler le nouvel ordre de choses. Si vous l'adoptez, vous penserez sans doute, comme moi, que la Constitution de 1852 doit être maintenue, et alors les modifications reconnues indispensables ne toucheront en rien aux bases fondamentales.

« Le changement qui se prépare portera principalement sur la forme : et cependant reprendre le symbole impérial est pour la France d'une immense signification. En effet, dans le rétablissement de l'Empire, le peuple trouve une garantie à ses intérêts et une satisfaction à son juste orgueil : ce rétablissement garantit ses intérêts en assurant l'avenir, en fermant l'ère des révolutions, en consacrant encore les conquêtes de 89. Il satisfait son juste orgueil, parce que, relevant avec liberté et avec réflexion ce que, il y a trente-sept ans, l'Europe entière avait renversé par la force des armes au milieu des désastres de la patrie, le peuple venge noblement ses revers sans faire de victimes, sans menacer aucune indépendance, sans troubler la paix du monde.

« Je ne me dissimule pas néanmoins tout ce qu'il y a de redoutable à accepter aujourd'hui et à mettre sur sa tête la couronne de Napoléon; mais ces appréhensions diminuent par la pensée que, représentant à tant de titres la cause du peuple et la volonté nationale, ce sera la nation qui, en m'élevant au trône, se couronnera elle-même. »

Le 10 novembre il fut statué par un sénatus-consulte que la proposition suivante serait présentée à l'acceptation du peuple français dans les formes déterminées par les décrets des 2 et 4 décembre 1851 :

« LE PEUPLE FRANÇAIS VEUT LE RÉTABLISSEMENT DE LA DIGNITÉ IMPÉRIALE DANS LA PERSONNE DE LOUIS-NAPOLÉON BONAPARTE,

« AVEC HÉRÉDITÉ DANS SA DESCENDANCE DIRECTE, LÉGITIME OU ADOP-
« TIVE, ET LUI DONNE LE DROIT DE RÉGLER L'ORDRE DE SUCCESSION
« AU TRÔNE DANS LA FAMILLE BONAPARTE, AINSI QU'IL EST PRÉVU
« PAR LE SÉNATUS-CONSULTE DU 7 NOVEMBRE 1852. »

Le décret du 10 novembre 1852 soumit, d'après les règles déjà adoptées, le plébiscite à l'approbation du peuple.

Le Corps législatif fut invité à opérer le dépouillement du scrutin. Le Prince Président l'y convia par le message que voici, daté de Saint-Cloud :

«Palais de Saint-Cloud, le 25 novembre 1852.

« Messieurs les Députés,

« Je vous ai rappelés de vos départements pour vous associer au grand acte qui va s'accomplir. Quoique le Sénat et le Peuple aient seuls le droit de modifier la Constitution, j'ai voulu que le corps politique issu comme moi du suffrage universel vînt attester au monde la spontanéité du mouvement national qui me porte à l'Empire. Je tiens à ce que ce soit vous qui, en constatant la liberté du vote et le nombre des suffrages, fassiez sortir de votre déclaration toute la légitimité de mon pouvoir. Aujourd'hui, en effet, déclarer que l'autorité repose sur un droit incontestable, c'est lui donner la force nécessaire pour fonder quelque chose de durable et assurer la prospérité du pays.

« Le Gouvernement, vous le savez, ne fera que changer de forme. Dévoué aux grands intérêts que l'intelligence enfante et que la paix développe, il se contiendra, comme dans le passé, dans les limites de la modération; car le succès n'enfle jamais d'orgueil l'âme de ceux qui ne voient dans leur élévation nouvelle qu'un devoir plus grand imposé par le peuple, qu'une mission plus élevée confiée par la Providence. »

Voici le résultat du scrutin :

Votants	8,140,660
Oui	7,824,189
Non	253,145
Bulletins nuls	63,326

Votes de l'armée et de l'Algérie compris.

A la majorité de 7,824,189 voix, le Prince Président était nommé Empereur des Français.

Nous reproduisons le discours que Napoléon III adressa aux grands corps de l'État après le rétablissement de l'Empire :

« Palais de Saint-Cloud, le 1ᵉʳ décembre 1852.

« Messieurs,

« Le nouveau règne que vous inaugurez aujourd'hui n'a pas pour origine, comme tant d'autres dans l'histoire, la violence, la conquête ou la ruse. Il est, vous venez de le déclarer, le résultat légal de la volonté de tout un peuple, qui consolide, au milieu du calme, ce qu'il avait fondé au sein des agitations. Je suis pénétré de reconnaissance envers la Nation, qui, TROIS FOIS EN QUATRE ANNÉES, M'A SOUTENU DE SES SUFFRAGES, ET CHAQUE FOIS N'A AUGMENTÉ SA MAJORITÉ QUE POUR ACCROÎTRE MON POUVOIR.

« Mais plus le pouvoir gagne en étendue et en force vitale, plus il a besoin d'hommes éclairés comme ceux qui m'entourent chaque jour, d'hommes indépendants comme ceux auxquels je m'adresse pour m'aider de leurs conseils, pour ramener mon autorité dans de justes limites, si elle pouvait s'en écarter jamais.

« Je prends dès aujourd'hui, avec la couronne, le nom de Napoléon III, parce que la logique du peuple me l'a déjà donné dans ses acclamations, parce que le Sénat l'a proposé légalement, et parce que la Nation entière l'a ratifié.

« Est-ce à dire cependant qu'en acceptant ce titre je tombe dans l'erreur reprochée au prince qui, revenant de l'exil, déclara nul et non avenu tout ce qui s'était fait en son absence? Loin de moi un semblable égarement! Non-seulement je reconnais les gouvernements qui m'ont précédé, mais j'hérite en quelque sorte de ce qu'ils ont fait de bien ou de mal; car les gouvernements qui se succèdent sont, malgré leurs origines différentes, solidaires de leurs devanciers. Mais, plus j'accepte tout ce que depuis cinquante ans l'histoire nous transmet avec son inflexible autorité, moins il m'était permis de passer sous silence le règne glorieux du Chef de ma famille, et le titre régulier, quoique éphémère, de son fils, que les Chambres proclamèrent dans le dernier élan du patriotisme vaincu. Ainsi donc, le titre de Napoléon III n'est pas une de ces prétentions dynastiques et surannées qui semblent une insulte au bon sens et à la vérité; c'est l'hommage rendu à un Gouvernement qui fut légitime, et auquel nous devons les plus belles pages de notre histoire moderne. Mon règne ne date pas de 1815, il date de ce moment même où vous venez me faire connaître les suffrages de la nation.

« Recevez donc mes remercîments, Messieurs les Députés, pour l'éclat que vous avez donné à la manifestation de la volonté nationale, en la rendant plus évidente par votre contrôle, plus imposante par votre déclaration. Je vous remercie aussi,

Messieurs les Sénateurs, d'avoir voulu être les premiers à m'adresser vos félicitations, comme vous avez été les premiers à formuler le vœu populaire.

« Aidez-moi tous à asseoir sur cette terre bouleversée par tant de révolutions un gouvernement stable qui ait pour bases la religion, la justice, la probité, l'amour des classes souffrantes.

« Recevez ici le serment que rien ne me coûtera pour assurer la prospérité de la patrie, et que, tout en maintenant la paix, je ne céderai rien de tout ce qui touche à l'honneur et à la dignité de la France. »

L'opposition à l'élection présidentielle avait été, en 1848, de 1,918,841 voix; au 20 décembre 1851, elle n'était plus que de 641,351; pour la création de l'Empire, elle se trouvait réduite à 253,145.

Mais ce qui résulte avant tout de cet exposé, c'est que six fois dans un demi-siècle la dynastie Napoléonienne a reçu la consécration du suffrage national. L'oncle et le neveu ont parcouru le même cycle historique : l'un et l'autre ont tiré la France des abîmes; acclamés chacun trois fois, ils ont passé par le pouvoir à temps, bientôt prorogé, et tous les deux se sont assis sur un trône qu'ils ont trouvé vacant. Le Consulat et la Présidence ont abouti également à l'Empire. Spectacle unique dans l'histoire, à cinquante ans de distance, à travers tant d'événements qui l'ont comprimée, la volonté populaire, comme un fleuve longtemps disparu dans les sables, rejaillit des couches profondes de la société et reprend son niveau d'indépendance et de grandeur nationale. Le plébiscite de 1852 répond comme un écho au plébiscite de 1804. Les quatre millions de votes qui faisaient l'étonnement des historiens se sont élevés à huit millions, et celui qui était appelé au trône en vertu des constitutions du premier Empire devient le chef du second Empire, réunissant dans sa personne les droits de l'hérédité et ceux de l'élection.

De 1799 à 1804 Napoléon Ier a reçu dix millions de suffrages. De 1848 à 1852 Napoléon III en reçoit vingt millions. Trente millions de bulletins signés par le peuple français, voilà les titres de la dynastie Napoléonienne.

Ces documents, comme nous l'avons dit plus haut, nous ont paru mériter d'être recueillis et rapprochés. Nous croyons devoir les faire suivre du texte de la Constitution de 1852. Au moment où cette Constitution, qui a été le pacte fondamental entre le peuple et l'Empereur, devient l'objet d'attaques plus ou moins ouvertes et comme le point de mire de toutes les oppositions coalisées, il nous a paru utile de la replacer sous les yeux du public et de rappeler les circonstances où elle s'est produite.

Dans les actes qui ont suivi le 2 décembre 1851, on a pu voir que le Prince Président ne s'était pas borné à demander à la nation des pouvoirs extraordinaires en vue de porter remède à une situation transitoire, mais qu'il lui avait proposé tout un système de Gouvernement approprié aux nécessités permanentes du pays. Il ne consentait à se charger de conduire les destinées de la France que si ce système, rentrant dans la tradition consulaire de l'an VIII, était favorablement accueilli par la nation. Jamais condition, disons-le, ne fut plus nettement posée ni plus unanimement acceptée. Les principes d'où la Constitution dérive furent donc le résultat d'un accord librement consenti.

Mais si ces bases sont fixes, si elles ne peuvent être modifiées sans un plébiscite, l'œuvre elle-même comporte de progressives améliorations, elle est perfectible. L'Empereur l'a proclamé hautement dès le 31 décembre 1851 en disant qu'il entendait amener le pays à un sage exercice de la liberté. Ajoutons que le décret du 24 novembre 1860 et la lettre du 19 janvier 1867 ont accompli cette promesse.

La Constitution du 14 janvier 1852 est devenue, comme on sait, la Constitution de l'Empire. Le changement opéré dans la forme du Gouvernement a eu pour effet d'abroger ou d'amender plusieurs articles qui n'étaient plus en harmonie avec le nouvel état de choses; il nous a paru inutile de signaler ces différences, l'intelligence du lecteur pouvant suppléer à nos indications.

Quant aux modifications d'un autre ordre, elles résultent de divers sénatus-consultes. Comme ils marquent pour ainsi dire les étapes du gouvernement de l'Empereur dans la voie libérale où il est entré, nous nous bornons à énoncer ceux d'entre eux qui ont le plus d'importance et à énumérer les grandes mesures qui en ont été la conséquence presque immédiate.

Nous mentionnerons l'acte qui a livré à la publicité des journaux les débats du Sénat et a permis la reproduction *in extenso*, par la sténographie, de la discussion des deux Chambres; l'envoi des ministres aux Chambres par délégation spéciale; le droit d'interpellation; l'extension pour le Corps législatif du droit d'amendement; le pouvoir attribué au Sénat de renvoyer à un nouvel examen du Corps législatif les lois qui lui paraîtraient défectueuses; le vote du budget par grandes sections; l'abandon par l'Empereur de la faculté d'ouvrir en l'absence des Chambres des crédits supplémentaires ou extraordinaires; les lois d'attribution des conseils généraux et des conseils municipaux; la loi sur la liberté de la presse; la loi sur les coalitions, et enfin celle qui est pendante en ce moment devant la législature et qui a pour objet le droit de réunion.

L'ensemble de ces dispositions sort pour ainsi dire des flancs de cette Constitution, qui se prête à tous les mouvements de la liberté, et qui, sous ce rapport, a été une nouveauté aussi hardie que féconde. Pour en apprécier le caractère libéral, nous n'avons qu'à la comparer aux Constitutions des monarchies précédentes. C'est ce que l'Empereur a fait lui-même dans le passage suivant de son discours à l'ouverture de la session de 1861 :

« Autrefois, le suffrage était restreint. La Chambre des députés avait, il est vrai, des prérogatives plus étendues; mais le grand nombre de fonctionnaires publics qui en faisaient partie donnait au Gouvernement une action directe sur ses résolutions. La Chambre des pairs votait aussi les lois; mais la majorité pouvait être, à chaque instant, déplacée par l'adjonction facultative de nouveaux membres. Enfin, les lois n'étaient pas toujours discutées pour leur valeur réelle, mais suivant la chance que leur adoption ou leur rejet pouvait avoir de maintenir ou de renverser un ministère. De là peu de sincérité dans les délibérations, peu de stabilité dans la marche du Gouvernement, peu de travail utile accompli.

« Aujourd'hui toutes les lois sont préparées avec soin et maturité par un conseil composé d'hommes éclairés, qui donnent leur avis sur toutes les mesures à prendre. Le Sénat, gardien du pacte fondamental, et dont le pouvoir conservateur n'use de son initiative que dans les circonstances graves, examine les lois sous le rapport de leur constitutionnalité; mais, véritable cour de cassation politique, il est composé d'un nombre de membres qui ne peut être dépassé. Le Corps législatif ne s'immisce pas, il est vrai, dans tous les détails de l'administration, mais il est nommé directement par le suffrage universel, et ne compte dans son sein aucun fonctionnaire public. Il discute les lois avec la plus entière liberté : si elles sont repoussées, c'est un avertissement dont le Gouvernement tient compte; mais ce rejet n'ébranle pas le pouvoir, n'arrête pas la marche des affaires, et n'oblige pas le Souverain à prendre pour conseillers des hommes qui n'auraient pas sa confiance.

« Telles sont les différences principales entre la Constitution actuelle et celle qui a précédé la révolution de Février. »

CONSTITUTION.

PRÉAMBULE DE LA CONSTITUTION.

Palais des Tuileries, 14 janvier 1852.

LOUIS-NAPOLÉON, PRÉSIDENT DE LA RÉPUBLIQUE,

AU NOM DU PEUPLE FRANÇAIS.

Français,

Lorsque, dans ma proclamation du 2 décembre, je vous exprimai loyalement quelles étaient, à mon sens, les conditions vitales du Pouvoir en France, je n'avais pas la prétention, si commune de nos jours, de substituer une théorie personnelle à l'expérience des siècles. J'ai cherché, au contraire, quels étaient dans le passé les exemples les meilleurs à suivre, quels hommes les avaient donnés, et quel bien en était résulté.

Dès lors, j'ai cru logique de préférer les préceptes du génie aux doctrines spécieuses d'hommes à idées abstraites. J'ai pris comme modèle les institutions politiques qui déjà, au commencement de ce siècle, dans des circonstances analogues, ont raffermi la société ébranlée et élevé la France à un haut degré de prospérité et de grandeur.

J'ai pris comme modèle les institutions qui, au lieu de disparaître au premier souffle des agitations populaires, n'ont été renversées que par l'Europe entière coalisée contre nous.

En un mot, je me suis dit : Puisque la France ne marche depuis cinquante ans qu'en vertu de l'organisation administrative, militaire, judiciaire, religieuse, financière, du Consulat et de l'Empire, pourquoi n'adopterions-nous pas aussi les institutions politiques de cette époque ? Créées par la même pensée, elles doivent porter en elles le même caractère de nationalité et d'utilité pratique.

En effet, ainsi que je l'ai rappelé dans ma proclamation, notre société actuelle (il est essentiel de le constater) n'est pas autre chose que la France régénérée par la révolution de 89 et organisée par l'Empereur. Il ne reste plus rien de l'ancien régime que de grands souvenirs et de grands bienfaits. Mais tout ce qui alors était organisé a été détruit par la révolution, et tout ce qui a été organisé depuis la révolution et qui existe encore l'a été par Napoléon.

Nous n'avons plus ni provinces, ni pays d'états, ni parlements, ni intendants, ni fermiers généraux, ni coutumes diverses, ni droits féodaux, ni classes privilégiées en possession exclusive des emplois civils et militaires, ni juridictions religieuses différentes.

A tant de choses incompatibles avec elle, la révolution avait fait subir une réforme radicale, mais elle n'avait rien fondé de définitif. Seul, le Premier Consul rétablit l'unité, la hiérarchie et les véritables principes du gouvernement. Ils sont encore en vigueur.

Ainsi l'administration de la France confiée à des préfets, à des sous-préfets, à des maires, qui substituaient l'unité aux commissions directoriales; la décision des affaires, au contraire, donnée à des conseils, depuis la commune jusqu'au département; ainsi, la magistrature affermie par l'inamovibilité des juges, par la hiérarchie des tribunaux; la justice rendue plus facile par la délimitation des attributions, depuis la justice de paix jusqu'à la cour de cassation, tout cela est encore debout.

De même, notre admirable système financier, la Banque de France, l'établissement des budgets, la Cour des comptes, l'organisation de la police, nos règlements militaires, datent de cette époque.

Depuis cinquante ans, c'est le Code Napoléon qui règle les intérêts des citoyens entre eux; c'est encore le Concordat qui règle les rapports de l'État avec l'Église.

Enfin, la plupart des mesures qui concernent les progrès de l'industrie, du commerce, des lettres, des sciences, des arts, depuis les règlements du Théâtre-Français jusqu'à ceux de l'Institut, depuis l'institution des prud'hommes jusqu'à la création de la Légion d'honneur, ont été fixées par les décrets de ce temps.

On peut donc l'affirmer, la charpente de notre édifice social est l'œuvre de l'Empereur, et elle a résisté à sa chute et à trois révolutions.

Pourquoi, avec la même origine, les institutions politiques n'auraient-elles pas les mêmes chances de durée?

Ma conviction était formée depuis longtemps, et c'est pour cela que j'ai soumis à votre jugement les bases principales d'une Constitution empruntée à celle de l'an VIII. Approuvées par vous, elles vont devenir le fondement de notre Constitution politique.

Examinons quel en est l'esprit.

Dans notre pays, monarchique depuis huit cents ans, le pouvoir central a toujours été en s'augmentant. La royauté a détruit les grands vassaux; les révolutions elles-mêmes ont fait disparaître les obstacles qui s'opposaient à l'exercice rapide et uniforme de l'autorité. Dans ce pays de centralisation, l'opinion publique a sans cesse tout rapporté au chef du Gouvernement, le bien comme le mal. Aussi, écrire en tête d'une charte que ce chef est irresponsable, c'est mentir au sentiment public, c'est vouloir établir une fiction qui s'est trois fois évanouie au bruit des révolutions.

La Constitution actuelle proclame, au contraire, que le chef que vous avez élu est responsable devant vous; qu'il a toujours le droit de faire appel à votre jugement souverain, afin que, dans les circonstances solennelles, vous puissiez lui continuer ou lui retirer votre confiance.

Étant responsable, il faut que son action soit libre et sans entraves. De là l'obligation d'avoir des ministres qui soient les auxiliaires honorés et puissants de sa pensée, mais qui ne forment plus un conseil responsable, composé de membres solidaires, obstacle journalier à l'impulsion particulière du chef de l'État, expression d'une politique émanée des Chambres, et par là même exposé à des changements fréquents qui empêchent tout esprit de suite, toute application d'un système régulier.

Néanmoins, plus un homme est haut placé, plus il est indépendant, plus la confiance que le peuple a mise en lui est grande, plus il a besoin de conseils éclairés, consciencieux. De là la création d'un Conseil d'État, désormais véritable conseil du Gouvernement, premier rouage de notre organisation nouvelle, réunion d'hommes pratiques élaborant des projets de loi dans des commissions spéciales, les discutant à huis clos, sans ostentation oratoire, en assemblée générale, et les présentant ensuite à l'acceptation du Corps législatif.

Ainsi le pouvoir est libre dans ses mouvements, éclairé dans sa marche.

Quel sera maintenant le contrôle exercé par les assemblées?

Une chambre, qui prend le titre de Corps législatif, vote les lois et l'impôt. Elle est élue par le suffrage universel, sans scrutin de liste. Le peuple, choisissant isolément chaque candidat, peut plus facilement apprécier le mérite de chacun d'eux.

La Chambre n'est plus composée que d'environ deux cent soixante membres. C'est là une première garantie du calme des délibérations, car trop souvent on a vu dans les assemblées la mobilité et l'ardeur des passions croître en raison du nombre.

Le compte rendu des séances, qui doit instruire la nation, n'est plus livré, comme autrefois, à l'esprit de parti de chaque journal; une publication officielle, rédigée par les soins du président de la Chambre, en est seule permise.

Le Corps législatif discute librement la loi, l'adopte ou la repousse; mais il n'y introduit pas à l'improviste de ces amendements qui dérangent souvent toute l'économie d'un système et l'ensemble du projet primitif. A plus forte raison, n'a-t-il pas cette initiative parlementaire qui était la source de si graves abus, et qui permettait à chaque député de se substituer à tout propos au Gouvernement en présentant les projets les moins étudiés, les moins approfondis.

La Chambre n'étant plus en présence des ministres, et les projets de loi étant soutenus par les orateurs du Conseil d'État, le temps ne se perd pas en vaines interpellations, en accusations frivoles, en luttes passionnées, dont l'unique but était de renverser les ministres pour les remplacer.

Ainsi donc les délibérations du Corps législatif seront indépendantes; mais les causes d'agitations stériles auront été supprimées, les lenteurs salutaires apportées à toute modification de la loi. Les mandataires de la nation feront mûrement les choses sérieuses.

Une autre assemblée prend le nom de Sénat. Elle sera composée des éléments qui, dans tout pays, créent les influences légitimes : le nom illustre, la fortune, le talent et les services rendus.

Le Sénat n'est plus, comme la Chambre des pairs, le pâle reflet de la Chambre des députés, répétant à quelques jours d'intervalle les mêmes discussions sur un autre ton. Il est le dépositaire du pacte fondamental et des libertés compatibles avec la Constitution, et c'est uniquement sous le rapport des grands principes sur lesquels repose notre société qu'il examine toutes les lois et qu'il en propose de nouvelles au Pouvoir exécutif. Il intervient, soit pour résoudre toute difficulté grave qui pourrait s'élever pendant l'absence du Corps législatif, soit pour expliquer le texte de la Constitution et assurer ce qui est nécessaire à sa marche. Il a le droit d'annuler tout acte arbitraire et illégal, et jouissant ainsi de cette considération qui s'attache à un corps exclusivement occupé de l'examen de grands intérêts ou de l'application de grands principes, il remplit dans l'État le rôle indépendant, salutaire, conservateur, des anciens parlements.

Le Sénat ne sera pas, comme la Chambre des pairs, transformé en cour de justice : il conservera son caractère de modérateur suprême, car la défaveur atteint toujours les corps politiques lorsque le sanctuaire des législateurs devient un tribunal criminel. L'impartialité du juge est trop souvent mise en doute, et il perd de son prestige devant l'opinion, qui va quelquefois jusqu'à l'accuser d'être l'instrument de la passion ou de la haine.

Une haute cour de justice, choisie dans la haute magistrature, ayant pour jurés des membres des conseils généraux de toute la France, réprimera seule les attentats contre le Chef de l'État et la sûreté publique.

L'Empereur disait au conseil d'État : « *Une constitution est l'œuvre du temps; on ne saurait laisser une trop large voie aux améliorations.* » Aussi la Constitution présente n'a-t-elle fixé que ce qu'il était impossible de laisser incertain. Elle n'a pas enfermé dans un cercle infranchissable les destinées d'un grand peuple; elle a laissé aux changements une assez large voie pour qu'il y ait, dans les grandes crises, d'autres moyens de salut que l'expédient désastreux des révolutions.

Le Sénat peut, de concert avec le Gouvernement, modifier tout ce qui n'est pas fondamental dans la Constitution; mais quant aux modifications à apporter aux bases premières, sanctionnées par vos suffrages, elles ne peuvent devenir définitives qu'après avoir reçu votre ratification.

Ainsi le peuple reste toujours maître de sa destinée. Rien de fondamental ne se fait en dehors de sa volonté.

Telles sont les idées, tels sont les principes dont vous m'avez autorisé à faire l'application. Puisse cette Constitution donner à notre patrie des jours calmes et prospères! Puisse-t-elle prévenir le retour de ces luttes intestines où la victoire, quelque légitime qu'elle soit, est toujours chèrement achetée! Puisse la sanction que vous avez donnée à mes efforts être bénie du ciel! Alors la paix sera assurée au dedans et au dehors, mes vœux seront comblés, ma mission sera accomplie!

LOUIS-NAPOLÉON BONAPARTE.

CONSTITUTION

FAITE

EN VERTU DES POUVOIRS DÉLÉGUÉS PAR LE PEUPLE FRANÇAIS

A LOUIS-NAPOLÉON BONAPARTE,

PAR LE VOTE DES 20 ET 21 DÉCEMBRE 1851.

Le Président de la République,

Considérant que le Peuple français a été appelé à se prononcer sur la résolution suivante :

« Le Peuple veut le maintien de l'autorité de Louis-Napo-
« léon Bonaparte, et lui donne les pouvoirs nécessaires pour
« faire une constitution d'après les bases établies dans sa pro-
« clamation du 2 décembre ; »

Considérant que les bases proposées à l'acceptation du Peuple étaient :

« 1° Un Chef responsable nommé pour dix ans ;

« 2° Des Ministres dépendant du Pouvoir exécutif seul ;

« 3° Un Conseil d'État formé des hommes les plus distin-
« gués, préparant les lois et en soutenant la discussion devant
« le Corps législatif ;

« 4° Un Corps législatif discutant et votant les lois, nommé
« par le suffrage universel, sans scrutin de liste qui fausse
« l'élection ;

« 5° Une seconde assemblée formée de toutes les illustra-
« tions du pays, pouvoir pondérateur, gardien du pacte fonda-
« mental et des libertés publiques ; »

Considérant que le Peuple a répondu affirmativement par sept millions cinq cent mille suffrages,

Promulgue la Constitution dont la teneur suit :

TITRE PREMIER.

Article 1er. La Constitution reconnaît, confirme et garantit les grands principes proclamés en 1789, et qui sont la base du droit public des Français.

TITRE II. — Forme du Gouvernement de la République [1].

Art. 2. Le Gouvernement de la République française est confié pour dix ans au Prince Louis-Napoléon Bonaparte, Président actuel de la République.

Art. 3. Le Président de la République gouverne au moyen des Ministres, du Conseil d'État, du Sénat et du Corps législatif.

Art. 4. La puissance législative s'exerce collectivement par le Président de la République, le Sénat et le Corps législatif.

TITRE III. — Du Président de la République.

Art. 5. Le Président de la République est responsable devant le Peuple français, auquel il a toujours le droit de faire appel.

Art. 6. Le Président de la République est le Chef de l'État; il commande les forces de terre et de mer, déclare la guerre, fait les traités de paix, d'alliance et de commerce, nomme à tous les emplois, fait les règlements et décrets nécessaires pour l'exécution des lois.

Art. 7. La justice se rend en son nom.

Art. 8. Il a seul l'initiative des lois.

Art. 9. Il a le droit de faire grâce.

Art. 10. Il sanctionne et promulgue les lois et les sénatus-consultes.

---

[1] Dispositions modifiées par le plébiscite et le sénatus-consulte de 1852 qui rétablissent l'Empire.

Art. 11. Il présente, tous les ans, au Sénat et au Corps législatif, par un message, l'état des affaires de la République.

Art. 12. Il a le droit de déclarer l'état de siége dans un ou plusieurs départements, sauf à en référer au Sénat dans le plus bref délai.

Les conséquences de l'état de siége sont réglées par la loi.

Art. 13. Les Ministres ne dépendent que du Chef de l'État; ils ne sont responsables, que chacun en ce qui le concerne, des actes du Gouvernement; il n'y a point de solidarité entre eux; ils ne peuvent être mis en accusation que par le Sénat.

Art. 14. Les Ministres, les membres du Sénat, du Corps législatif et du Conseil d'État, les officiers de terre et de mer, les magistrats et les fonctionnaires publics prêtent le serment ainsi conçu :

« *Je jure obéissance à la Constitution et fidélité au Président.* »

Art. 15. Un sénatus-consulte fixe la somme allouée annuellement au Président de la République pour toute la durée de ses fonctions.

Art. 16. Si le Président de la République meurt avant l'expiration de son mandat, le Sénat convoque la nation pour procéder à une nouvelle élection.

Art. 17. Le Chef de l'État a le droit, par un acte secret et déposé au archives du Sénat, de désigner le nom du citoyen qu'il recommande, dans l'intérêt de la France, à la confiance du peuple et à ses suffrages.

Art. 18. Jusqu'à l'élection du nouveau Président de la République, le Président du Sénat gouverne avec le concours des Ministres en fonctions, qui se forment en conseil de gouvernement et délibèrent à la majorité des voix.

TITRE IV. — Du Sénat.

Art. 19. Le nombre des sénateurs ne pourra excéder cent cinquante : il est fixé, pour la première année, à quatre-vingts.

Art. 20. Le Sénat se compose :

1° Des cardinaux, des maréchaux, des amiraux ;

2° Des citoyens que le Président de la République juge convenable d'élever à la dignité de sénateur.

Art. 21. Les sénateurs sont inamovibles et à vie.

Art. 22. Les fonctions de sénateur sont gratuites ; néanmoins le Président de la République pourra accorder à des sénateurs, en raison de services rendus et de leur position de fortune, une dotation personnelle qui ne pourra excéder trente mille francs par an.

Art. 23. Le président et les vice-présidents du Sénat sont nommés par le Président de la République et choisis parmi les sénateurs.

Il sont nommés pour un an.

Le traitement du président du Sénat est fixé par un décret.

Art. 24. Le Président de la République convoque et proroge le Sénat. Il fixe la durée de ses sessions par un décret.

Les séances du Sénat ne sont pas publiques.

Art. 25. Le Sénat est le gardien du pacte fondamental et des libertés publiques. Aucune loi ne peut être promulguée avant de lui avoir été soumise.

Art. 26. Le Sénat s'oppose à la promulgation,

1° Des lois qui seraient contraires ou qui porteraient atteinte à la Constitution, à la religion, à la morale, à la liberté des cultes, à la liberté individuelle, à l'égalité des citoyens devant la loi, à l'inviolabilité de la propriété et au principe de l'inamovibilité de la magistrature ;

2° De celles qui pourraient compromettre la défense du territoire.

Art. 27. Le Sénat règle par un sénatus-consulte,

1° La constitution des colonies et de l'Algérie ;

2° Tout ce qui n'a pas été prévu par la Constitution et qui est nécessaire à sa marche ;

3° Le sens des articles de la Constitution qui donnent lieu à différentes interprétations.

Art. 28. Ces sénatus-consultes seront soumis à la sanction du Président de la République et promulgués par lui.

Art. 29. Le Sénat maintient ou annule tous les actes qui lui sont déférés comme inconstitutionnels par le Gouvernement, ou dénoncés pour la même cause par les pétitions des citoyens.

Art. 30. Le Sénat peut, dans un rapport adressé au Président de la République, poser les bases des projets de loi d'un grand intérêt national.

Art. 31. Il peut également proposer des modifications à la Constitution. Si la proposition est adoptée par le Pouvoir exécutif, il y est statué par un sénatus-consulte.

Art. 32. Néanmoins, sera soumise au suffrage universel toute modification aux bases fondamentales de la Constitution, telles qu'elles ont été posées dans la proclamation du 2 décembre et adoptées par le peuple français.

Art. 33. En cas de dissolution du Corps législatif, et jusqu'à une nouvelle convocation, le Sénat, sur la proposition du Président de la République, pourvoit, par des mesures d'urgence, à tout ce qui est nécessaire à la marche du Gouvernement.

TITRE V. — Du Corps législatif.

Art. 34. L'élection a pour base la population.

Art. 35. Il y aura un député au Corps législatif à raison de trente-cinq mille électeurs.

Art. 36. Les députés sont élus par le suffrage universel, sans scrutin de liste.

Art. 37. Ils ne reçoivent aucun traitement.

Art. 38. Ils sont nommés pour six ans.

Art. 39. Le Corps législatif discute et vote les projets de loi et l'impôt.

Art. 40. Tout amendement adopté par la commission chargée

d'examiner un projet de loi sera renvoyé, sans discussion, au Conseil d'État par le président du Corps législatif.

Si l'amendement n'est pas adopté par le Conseil d'État, il ne pourra pas être soumis à la délibération du Corps législatif.

Art. 41. Les sessions ordinaires du Corps législatif durent trois mois; ses séances sont publiques; mais la demande de cinq membres suffit pour qu'il se forme en comité secret.

Art. 42[1]. Le compte rendu des séances du Corps législatif par les journaux ou tout autre moyen de publication ne consistera que dans la reproduction du procès-verbal dressé à l'issue de chaque séance par les soins du président du Corps législatif.

Art. 43. Le président et les vice-présidents du Corps législatif sont nommés par le Président de la République pour un an; ils sont choisis parmi les députés. Le traitement du président du Corps législatif est fixé par un décret.

Art. 44. Les Ministres ne peuvent être membres du Corps législatif.

Art. 45. Le droit de pétition s'exerce auprès du Sénat. Aucune pétition ne peut être adressée au Corps législatif.

Art. 46. Le Président de la République convoque, ajourne, proroge et dissout le Corps législatif. En cas de dissolution, le Président de la République doit en convoquer un nouveau dans le délai de six mois.

TITRE VI. — Du Conseil d'État.

Art. 47. Le nombre des conseillers d'État en service ordinaire est de quarante à cinquante.

Art. 48. Les conseillers d'État sont nommés par le Président de la République, et révocables par lui.

Art. 49. Le Conseil d'État est présidé par le Président de la République, et, en son absence, par la personne qu'il désigne comme vice-président du Conseil d'État.

---

[1] Modifié par le sénatus-consulte du 2 février 1861.

Art. 50. Le Conseil d'État est chargé, sous la direction du Président de la République, de rédiger les projets de loi et les règlements d'administration publique, et de résoudre les difficultés qui s'élèvent en matière d'administration.

Art. 51. Il soutient, au nom du Gouvernement, la discussion des projets de loi devant le Sénat et le Corps législatif.

Les conseillers d'État chargés de porter la parole au nom du Gouvernement sont désignés par le Président de la République.

Art. 52. Le traitement de chaque conseiller d'État est de vingt-cinq mille francs.

Art. 53. Les Ministres ont rang, séance et voix délibérative au Conseil d'État.

TITRE VII. — DE LA HAUTE COUR DE JUSTICE.

Art. 54. Une haute cour de justice juge, sans appel ni recours en cassation, toutes personnes qui auront été renvoyées devant elle comme prévenues de crimes, attentats ou complots contre le Président de la République et contre la sûreté intérieure ou extérieure de l'État.

Elle ne peut être saisie qu'en vertu d'un décret du Président de la République.

Art. 55. Un sénatus-consulte déterminera l'organisation de cette haute cour.

TITRE VIII. — DISPOSITIONS GÉNÉRALES ET TRANSITOIRES.

Art. 56. Les dispositions des codes, lois et règlements existants, qui ne sont pas contraires à la présente Constitution, restent en vigueur jusqu'à ce qu'il y soit légalement dérogé.

Art. 57. Une loi déterminera l'organisation municipale. Les maires seront nommés par le Pouvoir exécutif et pourront être pris hors du conseil municipal.

Art. 58. La présente Constitution sera en vigueur à dater du jour où les grands corps de l'État qu'elle organise seront constitués.

Les décrets rendus par le Président de la République, à partir du 2 décembre jusqu'à cette époque, auront force de loi.

Fait au palais des Tuileries, le 14 janvier 1852.

LOUIS-NAPOLÉON.

Vu et scellé du grand sceau :

Le Garde des Sceaux, Ministre de la Justice,

E. ROUHER.

ANNEXES.

N° 1.

RELEVÉ DES ÉLECTIONS SUCCESSIVES QUI ONT CONFÉRÉ AU PRINCE LOUIS-NAPOLÉON LE MANDAT DE REPRÉSENTANT DU PEUPLE A L'ASSEMBLÉE NATIONALE.

ÉLECTIONS PARTIELLES DU 4 JUIN 1848.

Charente-Inférieure.
    Votants...................... 65,179
    Louis-Napoléon Bonaparte.......... 23,022 voix.
(Élection rapportée dans la séance de l'Assemblée nationale du 13 juin 1848.)

Seine.
    Votants...................... 248,392
    Louis-Napoléon Bonaparte.......... 84,420 voix.
    (Élection rapportée dans la séance du 13 juin.)

Yonne.
    Votants...................... 37,571
    Louis-Napoléon Bonaparte.......... 14,621 voix.
    (Élection rapportée dans la séance du 13 juin.)

ÉLECTION PARTIELLE DU 18 JUIN.

Corse.
    Votants...................... 39,330
    Louis-Napoléon Bonaparte.......... 37,036 voix.
    (Élection rapportée dans la séance du 24 juillet.)

Par deux lettres adressées à l'Assemblée les 15 juin [1] et 8 juillet [2], le Prince déclarait ne pouvoir accepter ces divers mandats et déposer sa démission.

[1] Voir *Moniteur* du 17 juin, page 1397.
[2] Voir *Moniteur* du 25 juillet 1847.

ÉLECTIONS PARTIELLES DU 17 SEPTEMBRE 1848.

Charente-Inférieure.
    Votants...................... 47,332
    Louis-Napoléon-Bonaparte.......... 39,820 voix.
        (Élection rapportée dans la séance du 27 septembre.)

Corse.
    Votants...................... 32,968
    Louis-Napoléon Bonaparte.......... 30,193 voix.
        (Élection rapportée dans la séance du 9 octobre.)

Moselle.
    Votants...................... 36,489
    Louis-Napoléon Bonaparte.......... 17,813 voix.
        (Élection rapportée dans la séance du 27 septembre.)

Seine.
    Votants...................... 247,242
    Louis-Napoléon Bonaparte.......... 110,752 voix.
        (Élection rapportée dans la séance du 26 septembre.)

Yonne.
    Votants...................... 50,445
    Louis-Napoléon Bonaparte.......... 42,086 voix.
        (Élection rapportée dans la séance du 26 septembre.)

N° 2.

RECENSEMENT GÉNÉRAL DES VOTES

ÉMIS LE 10 DÉCEMBRE 1848

POUR L'ÉLECTION DU PRÉSIDENT DE LA RÉPUBLIQUE.

DÉPARTEMENTS.	NOMBRE D'ÉLECTEURS		LOUIS-NAPOLÉON.	CAVAIGNAC.	LEDRU-ROLLIN.	RASPAIL.	LAMARTINE.	CHANGARNIER.	VOIX PERDUES.	BULLETINS annulés.
	inscrits.	votants.								
1............	101,932	83,273	72,242	8,932	1,258	191	194	8	6	470
ine............	159,521	135,243	117,873	13,231	1,905	263	310	"	80	400
ier............	89,533	61,967	42,216	5,472	14,130	6	39	4	5	131
pes (Basses-)......	45,974	24,692	14,930	5,607	3,792	6	94	16	25	222
pes (Hautes-)......	35,278	23,558	18,653	4,763	201	20	50	"	6	104
lèche...........	100,441	60,115	39,891	16,351	3,703	4	51	11	27	77
dennes..........	89,937	77,019	58,612	16,867	837	45	237	"	386	99
iége............	73,118	45,029	38,230	4,849	1,842	23	54	2	6	23
be.............	82,322	73,204	66,314	5,009	875	65	77	"	235	"
de.............	87,868	63,369	47,953	8,613	6,540	5	54	"	197	7
eyron..........	104,659	80,189	66,227	9,000	1,694	103	33	"	261	"
uches-du-Rhône.....	129,825	80,315	17,087	40,589	19,361	155	231	2,560	300	32
lvados..........	141,142	109,845	85,175	23,104	957	66	66	60	86	331
ntal............	62,627	36,200	27,520	7,049	1,318	9	24	"	9	271
arente..........	111,338	95,027	90,407	3,277	1,011	8	96	"	82	146
arente-Inférieure.....	143,675	116,226	100,399	13,814	1,306	27	182	"	102	396
er.............	80,606	62,066	51,625	5,248	4,448	58	57	"	83	547
rrèze...........	81,810	54,388	47,596	3,573	4,051	6	44	"	93	25
rse............	60,621	48,311	45,880	1,464	228	4	40	"	200	492
te-d'Or..........	122,754	100,459	73,879	13,364	11,785	29	126	13	45	1,218
tes-du-Nord.......	159,714	112,849	73,715	37,123	896	10	179	9	1,517	410
euse............	72,472	53,124	50,222	1,941	720	52	55	"	134	"
rdogne..........	141,673	105,087	92,584	5,301	6,654	39	63	7	16	425
ubs............	83,303	61,043	39,717	18,626	1,324	139	198	"	70	.
ôme............	97,515	71,112	55,069	12,313	3,430	12	72	7	28	281
re.............	127,123	106,164	91,032	12,430	1,982	134	104	6	50	412
re-et-Loir........	84,765	69,322	56,948	9,900	1,535	270	172	4	50	443
istère...........	152,616	105,067	43,553	58,860	1,531	3	432	30	431	26
rd.............	117,504	81,698	39,440	29,927	12,251	9	45	674	34	280
ronne (Haute-)......	139,937	97,810	74,113	7,395	15,899	92	121	9	16	165
rs.............	95,729	72,677	57,324	6,003	9,130	12	165	4	114	1,013
onde............	178,213	133,954	104,019	20,590	8,498	42	357	"	28	420

DÉPARTEMENTS.	NOMBRE D'ÉLECTEURS		LOUIS-NAPOLÉON.	CAVAIGNAC.	LEDRU-ROLLIN.	RASPAIL.	LAMARTINE.	CHANGARNIER.	VOIX PERDUES.	BULLETINS ANNULÉS.
	inscrits.	votants.								
Hérault.............	126,318	81,823	47,630	20,299	13,461	20	"	18	25	224
Ille-et-Vilaine.........	152,631	111,812	73,181	37,654	514	35	65	158	44	143
Indre...............	72,249	56,268	41,077	6,597	7,514	39	41	4	25	58
Indre-et-Loire.........	92,543	76,797	65,195	9,581	1,686	245	41	5	61	25
Isère...............	174,935	139,321	114,704	21,537	2,537	308	94	7	96	32
Jura................	88,453	69,211	51,707	12,626	4,068	123	167	"	"	520
Landes..............	79,144	54,136	45,696	6,872	1,235	3	122	"	208	37
Loir-et-Cher.........	72,258	58,277	48,720	6,179	2,933	63	91	11	21	215
Loire...............	118,315	78,717	56,551	17,999	3,702	285	117	24	27	12
Loire (Haute-).........	74,717	42,867	30,316	8,642	1,262	2,538	23	18	37	31
Loire-Inférieure........	150,461	84,317	44,905	33,466	5,405	76	73	296	95	229
Loiret..............	87,015	74,169	64,796	7,730	996	176	302	15	43	158
Lot................	85,611	64,185	43,109	16,722	4,089	21	25	"	19	201
Lot-et-Garonne........	107,301	83,471	56,472	6,930	18,803	2	160	"	86	147
Lozère..............	39,304	24,810	16,099	8,157	420	"	16	"	48	62
Maine-et-Loire.........	151,899	113,244	83,290	26,692	1,255	27	120	106	132	706
Manche.............	103,457	102,155	66,806	33,219	1,193	6	126	21	942	76
Marne..............	166,835	91,239	69,071	18,085	673	277	378	"	436	434
Marne (Haute-)........	78,939	67,746	59,320	6,702	921	13	147	7	64	592
Mayenne.............	103,513	76,088	57,990	17,043	918	20	59	6	18	234
Meurthe.............	116,890	98,719	75,397	21,204	953	54	181	"	"	234
Meuse..............	94,304	77,784	62,612	13,135	1,384	15	113	"	22	144
Morbihan............	122,687	75,405	28,131	45,004	1,906	8	92	158	154	266
Moselle.............	117,569	96,791	73,173	19,655	941	30	121	"	13	551
Nièvre..............	86,053	69,483	61,315	4,695	2,900	343	77	"	40	113
Nord...............	299,036	213,350	106,354	87,395	14,446	38	478	"	130	101
Oise................	119,689	100,383	85,970	12,277	946	348	242	"	191	409
Orne...............	125,020	99,261	87,026	10,663	1,152	40	106	"	274	95
Pas-de-Calais.........	193,167	143,643	101,136	39,826	1,851	70	113	20	48	307
Puy-de-Dôme.........	165,831	111,806	101,860	8,945	2,426	43	110	"	82	72
Pyrénées (Basses-)......	119,221	75,060	60,345	11,193	3,100	8	294	"	120	35
Pyrénées (Hautes-).....	67,592	50,690	45,718	3,343	1,579	2	75	"	8	24
Pyrénées-Orientales.....	52,925	30,291	14,582	6,143	8,772	12	44	"	536	202
Rhin (Bas-)..........	131,035	113,611	60,501	46,839	4,375	27	299	"	35	1,536
Rhin (Haut-).........	113,732	90,880	65,026	19,735	3,867	13	205	"	"	"
Rhône..............	164,944	141,643	106,033	22,279	2,670	9,513	288	"	75	791
Saône (Haute-)........	93,429	74,962	65,276	6,801	2,455	20	153	4	33	220
Saône-et-Loire........	152,740	114,858	82,491	13,899	15,608	64	2,256	"	"	137
Sarthe..............	131,271	107,727	86,427	10,891	10,037	33	61	"	20	258
Seine...............	433,632	341,829	198,500	95,571	26,648	15,874	3,833	66	1,246	91
Seine-Inférieure.......	215,555	176,153	135,619	28,996	5,938	248	344	"	32	705

DÉPARTEMENTS.	NOMBRE D'ÉLECTEURS		LOUIS-NAPOLÉON.	CAVAIGNAC.	LEDRU-ROLLIN.	RASPAIL.	LAMARTINE.	CHANGARNIER.	VOIX PERDUES.	BULLETINS ANNULÉS.
	inscrits.	votants.								
Seine-et-Marne..........	103,237	88,947	75,743	11,054	1,205	248	174	6	44	518
Seine-et-Oise...........	144,592	119,916	96,974	19,776	1,658	630	318	40	195	302
Sèvres (Deux-).........	91,862	67,646	56,108	10,296	725	211	49	"	311	322
Somme.................	166,788	140,771	128,873	9,549	1,264	48	292	24	25	685
Tarn..................	107,007	79,619	56,576	16,379	6,167	22	50	142	"	283
Tarn-et-Garonne.........	73,564	53,715	40,004	9,408	3,898	4	112	4	31	254
Var...................	110,639	64,247	16,305	35,097	11,351	1,076	409	246	46	17
Vaucluse...............	81,749	51,457	27,036	15,404	7,952	675	65	53	20	252
Vendée................	101,618	57,594	44,792	10,997	747	"	"	72	177	809
Vienne................	88,719	67,516	57,268	7,700	2,239	19	64	3	18	107
Vienne (Haute-)........	87,090	59,989	53,553	3,566	1,743	882	114	5	147	"
Vosges................	111,191	88,063	73,108	13,416	619	145	100	"	"	675
Yonne.................	111,631	94,754	81,744	8,114	3,140	22	81	14	55	331
ALGÉRIE.										
Province d'Alger........	"	"	18,660	9,041	3,440	57	1,154	1	134	96
Province d'Oran........	"	"	9,494	8,648	1,710	70	548	"	200	27
Province de Constantine....	"	"	10,153	3,153	653	25	1,321	"	116	6
La flotte..............	"	"	836	1,283	84	"	507	"	618	14
TOTAUX........	"	7,542,936	5,587,759	1,474,687	381,026	37,121	21,032	4,975	12,435	23,991

N° 3.

RECENSEMENT GÉNÉRAL DES VOTES

SUR LE PROJET DE PLÉBISCITE DU 2 DÉCEMBRE 1851,

PROPOSÉ À L'ACCEPTATION DU PEUPLE FRANÇAIS.

DÉPARTEMENTS.	INSCRITS.	VOTANTS.	BULLETINS		
			AFFIRMATIFS.	NÉGATIFS.	NULS.
Ain..................	102,138	85,399	81,819	3,472	108
Aisne................	160,099	143,049	137,062	5,383	604
Allier................	94,104	71,818	70,450	1,338	30
Alpes (Basses-).......	45,943	34,916	34,215	614	87
Alpes (Hautes-).......	36,093	26,501	24,745	1,665	91
Ardèche..............	75,916	72,339	67,033	5,138	168
Ardennes.............	90,487	79,399	75,248	3,863	288
Ariége...............	73,361	56,498	53,930	2,479	89
Aube.................	82,828	77,564	73,427	3,900	237
Aude.................	87,706	68,046	57,660	10,214	172
Aveyron..............	113,836	87,824	85,351	2,171	302
Bouches-du-Rhône.....	114,293	64,458	51,288	12,753	417
Calvados.............	140,621	114,552	108,743	5,688	121
Cantal...............	62,851	41,989	40,472	1,377	140
Charente.............	117,686	99,188	94,746	4,120	322
Charente-Inférieure...	152,055	121,103	114,343	6,503	257
Cher.................	82,691	70,473	67,827	2,486	160
Corrèze..............	84,968	64,004	59,838	4,022	144
Corse................	58,204	52,290	51,876	378	36
Côte-d'Or............	117,909	101,667	88,427	12,854	386
Côtes-du-Nord........	163,743	112,523	109,195	2,853	475
Creuse...............	74,053	57,762	54,518	3,048	196
Dordogne.............	144,427	118,928	112,790	5,729	409
Doubs................	77,917	64,278	60,123	3,695	460
Drôme................	92,173	74,259	63,799	10,279	181
Eure.................	127,716	112,751	103,310	8,376	1,065
Eure-et-Loir.........	85,649	73,737	66,782	6,515	440
Finistère............	152,861	79,010	74,683	4,053	274
Gard.................	121,009	89,677	70,329	18,949	399
Garonne (Haute-).....	133,488	106,247	93,414	12,343	490
Gers.................	94,105	73,664	64,449	8,588	627
Gironde..............	167,116	138,631	123,110	15,232	289

DÉPARTEMENTS.	INSCRITS.	VOTANTS.	BULLETINS		
			AFFIRMATIFS.	NÉGATIFS.	NULS.
Hérault	175,501	75,076	60,336	14,317	423
Ille-et-Vilaine	148,790	75,880	71,792	3,626	462
Indre	76,447	62,704	58,948	3,493	263
Indre-et-Loire	94,758	83,175	77,952	4,399	824
Isère	158,812	127,411	114,501	12,637	273
Jura	86,624	70,348	61,656	8,548	144
Landes	80,633	64,683	62,061	2,409	213
Loir-et-Cher	72,533	61,553	55,965	5,293	295
Loire	119,813	86,950	78,783	7,917	250
Loire (Haute-)	77,507	50,322	48,315	1,943	64
Loire-Inférieure	145,845	67,609	62,094	5,231	284
Loiret	93,164	80,517	74,900	5,076	541
Lot	86,319	70,097	65,583	4,233	281
Lot-et-Garonne	107,489	87,892	79,576	7,909	407
Lozère	39,901	29,974	27,668	2,222	84
Maine-et-Loire	148,249	112,835	105,880	5,995	960
Manche	156,964	124,464	119,791	4,369	304
Marne	107,774	97,653	92,076	5,202	375
Marne (Haute-)	80,423	71,019	67,106	3,646	267
Mayenne	103,614	80,383	76,187	3,748	448
Meurthe	120,558	107,505	101,943	5,136	426
Meuse	93,058	84,432	81,049	2,927	456
Morbihan	88,890	59,295	55,317	3,619	359
Moselle	113,569	97,458	93,414	3,783	261
Nièvre	89,909	76,205	74,356	1,698	151
Nord	285,456	239,048	224,173	13,918	957
Oise	120,185	108,751	103,393	4,699	659
Orne	129,078	108,967	104,820	3,837	310
Pas-de-Calais	191,767	162,811	155,691	6,468	652
Puy-de-Dôme	171,703	130,999	128,436	2,359	204
Pyrénées (Basses-)	116,470	87,827	83,474	4,138	215
Pyrénées (Hautes-)	67,728	56,603	54,355	2,046	202
Pyrénées-Orientales	32,523	31,304	27,754	3,417	133
Rhin (Bas-)	138,489	116,331	105,842	9,544	945
Rhin (Haut-)	115,790	99,996	93,810	5,896	290
Rhône	155,609	124,541	102,359	21,844	338
Saône (Haute-)	94,860	84,424	81,469	2,863	92
Saône-et-Loire	154,282	115,765	106,924	8,287	554
Sarthe	135,705	117,022	108,839	7,994	189
Seine	394,069	297,230	197,091	96,511	3,628
Seine-Inférieure	217,698	176,380	162,332	13,435	613

DÉPARTEMENTS.	INSCRITS.	VOTANTS.	BULLETINS		
			AFFIRMATIFS.	NÉGATIFS.	NULS.
Seine-et-Marne.........	98,160	89,703	84,102	5,192	409
Seine-et-Oise	137,769	122,744	113,268	8,652	824
Sèvres (Deux-)........	92,946	76,550	73,419	2,697	434
Somme..............	169,590	151,990	147,550	3,948	492
Tarn...............	"	74,132	66,988	6,931	213
Tarn-et-Garonne.......	76,233	54,810	49,927	4,641	242
Var................	100,502	67,366	62,824	4,342	200
Vaucluse............	79,231	47,876	40,764	6,898	214
Vendée.............	102,512	59,188	56,214	2,493	481
Vienne.............	90,422	73,201	68,790	4,133	278
Vienne (Haute-).......	82,628	60,400	55,267	4,902	231
Vosges	116,982	97,242	93,460	3,756	26
Yonne	113,475	100,261	92,049	7,839	373
TOTAL pour les départements........	....	7,773,446	7,147,635	593,134	32,677
Armée de terre........	"	344,275	303,290	37,359	3,626
Armée de mer.........	"	21,588	15,979	5,123	486
Algérie.. Alger......	"	7,912	4,286	3,544	82
Constantine..	"	2,595	1,240	1,333	22
Oran	"	1,873	1,001	858	14
TOTAL GÉNÉRAL....	....	8,151,689	7,473,431	641,351	36,907

N° 4.

RECENSEMENT GÉNÉRAL DES VOTES

ÉMIS SUR LE PROJET DE PLÉBISCITE PRÉSENTÉ LES 21 ET 22 NOVEMBRE 1852
A L'ACCEPTATION DU PEUPLE FRANÇAIS.

RÉTABLISSEMENT DE L'EMPIRE.

DÉPARTEMENTS.	NOMBRE				
	D'ÉLECTEURS INSCRITS.	DE VOTANTS.	DE BULLETINS PORTANT *OUI*.	DE BULLETINS PORTANT *NON*.	BULLETINS NULS.
Ain................	103,946	83,082	81,552	1,232	298
Aisne..............	158,201	143,133	137,684	4,367	1,082
Allier..............	95,003	71,308	70,635	483	190
Alpes (Basses-)........	45,921	39,445	39,212	166	67
Alpes (Hautes-).......	36,614	27,235	26,843	306	86
Ardèche.............	106,509	79,504	78,486	729	289
Ardennes...........	91,709	77,958	74,685	2,753	520
Ariége.............	73,789	66,312	65,804	392	116
Aube..............	82,838	72,946	69,934	2,355	657
Aude..............	86,614	71,351	70,516	576	259
Aveyron...........	112,469	85,527	84,295	883	349
Bouches-du-Rhône.....	106,233	55,161	51,946	2,555	660
Calvados...........	140,824	110,476	106,046	3,615	815
Cantal.............	62,992	45,202	44,738	323	141
Charente...........	115,555	86,838	84,970	1,252	616
Charente-Inférieure.....	138,933	106,355	103,626	2,069	660
Cher...............	84,232	67,792	66,409	1,008	375
Corrèze............	88,313	70,138	69,421	409	308
Corse..............	58,923	56,588	56,549	27	12
Côte-d'Or...........	116,262	102,446	99,120	2,549	777
Côtes-du-Nord........	164,743	118,481	116,947	1,101	433
Creuse.............	75,824	48,943	48,242	524	177
Dordogne...........	143,710	114,413	112,620	1,220	573
Doubs..............	77,522	63,029	60,681	1,707	641
Drôme.............	96,343	80,674	78,859	1,452	363
Eure...............	128,179	107,176	99,874	6,050	1,252
Eure-et-Loir.........	86,465	69,392	64,378	3,950	1,064
Finistère...........	140,552	110,315	108,758	1,297	260
Gard	123,498	88,685	83,534	4,393	758
Garonne (Haute-)......	139,598	114,002	110,824	2,230	948

DÉPARTEMENTS.	NOMBRE				
	D'ÉLECTEURS INSCRITS.	DE VOTANTS.	DE BULLETINS PORTANT *OUI*.	DE BULLETINS PORTANT *NON*.	BULLETINS NULS.
Gers...............	97,405	79,943	78,272	1,236	435
Gironde............	177,224	119,435	114,635	3,551	1,249
Hérault............	122,401	88,478	84,716	3,038	724
Ille-et-Vilaine.......	157,776	111,108	109,154	1,351	603
Indre..............	76,748	61,001	59,737	904	360
Indre-et-Loire.......	95,224	76,549	74,603	1,348	598
Isère..............	155,518	127,316	124,320	2,441	555
Jura...............	88,378	78,248	74,662	2,789	797
Landes.............	86,453	70,593	69,865	534	194
Loir-et-Cher.........	71,731	59,324	56,364	2,366	594
Loire..............	126,223	94,045	92,313	1,402	330
Loire (Haute-).......	77,222	58,740	58,435	218	87
Loire-Inférieure......	141,781	80,020	75,945	3,487	588
Loiret.............	94,367	78,472	74,774	2.934	764
Lot................	88,102	76,988	75,787	881	320
Lot-et-Garonne.......	107,012	86,697	83,989	2,001	707
Lozère.............	40,778	33,476	33,064	282	130
Maine-et-Loire.......	149,219	92,299	88,527	2,921	851
Manche............	160,317	134,579	132,069	1,993	517
Marne.............	108,363	95,299	90,350	3,910	1,039
Marne (Haute-)......	82,205	70,485	68,025	1,827	633
Mayenne...........	101,897	78,996	75,400	2,949	647
Meurthe...........	124,803	108,375	103,878	3,567	930
Meuse.............	94,717	82,229	79,414	2,268	547
Morbihan..........	117,285	67,348	65,854	1,171	323
Moselle............	112,282	96,625	94,305	1,698	622
Nièvre.............	88,791	75,019	73,642	1,178	199
Nord..............	295,385	225,451	216,465	7,374	1,612
Oise...............	120,734	105,539	100,986	3,379	1,174
Orne..............	129,360	99,335	95,981	2,563	791
Pas-de-Calais........	190,425	161,450	156,624	3,876	950
Puy-de-Dôme........	169,523	126,722	125,940	477	305
Pyrénées (Basses-)....	116,306	94,669	93,656	755	258
Pyrénées (Hautes-)....	68,428	59,993	59,527	312	154
Pyrénées-Orientales...	45,799	37,345	36,995	248	102
Rhin (Bas-).........	131,164	119,396	114,685	3,818	893
Rhin (Haut-)........	113,865	96,277	92,747	2,841	689
Rhône.............	153,057	107,776	96,513	9,789	1,474
Saône (Haute-)......	91,760	86,339	84,636	1,341	362
Saône-et-Loire.......	156,611	117,925	115,626	1,920	379
Sarthe.............	134,754	112,027	108,449	2,601	977

DÉPARTEMENTS.	NOMBRE				
	D'ÉLECTEURS INSCRITS.	DE VOTANTS.	DE BULLETINS PORTANT OUI.	DE BULLETINS PORTANT NON.	BULLETINS NULS.
Seine...............	315,410	270 701	208,658	53,753	8,290
Seine-Inférieure.......	216,362	173,536	163,745	8,570	1,221
Seine-et-Marne........	98,407	85,117	80,628	3,771	718
Seine-et-Oise.........	138,042	121,847	113,762	6,445	1,640
Sèvres (Deux-)........	93,313	65,171	63,913	1,181	77
Somme...............	166,552	142,876	138,150	3,711	1,015
Tarn................	106,147	86,472	84,372	1,607	493
Tarn-et-Garonne.......	77,495	56,011	54,900	778	333
Var.................	100,756	72,849	71,539	869	441
Vaucluse.............	79,016	57,824	56,320	1,147	357
Vendée..............	104,277	61,711	59,765	1,433	513
Vienne..............	91,192	65,153	64,080	665	408
Vienne (Haute-).......	83,537	59,370	58,430	660	280
Vosges..............	116,533	99,881	96,564	2,497	820
Yonne...............	112,330	95,950	89,920	3,983	2,047
TOTAL pour les départements.......	....	7,780,307	7,482,863	238,582	58,862
Armée de terre........	....	294,517	280,195	11,058	3,364
Armée de mer.........	....	51,425	48,263	2,141	1,021
Algérie.. Alger......	....	7,247	6,269	869	109
Constantine..	....	4,454	4,088	309	58
Oran......	....	2,709	2,511	186	12
TOTAL GÉNÉRAL....	....	8,140,660	7,824,189	253,145	63,326

TABLE DES MATIÈRES.

NAPOLÉON Ier.

	Pages.
Consulat décennal. (Décembre 1799.)	9
Constitution du 22 frimaire an VIII	9
Recensement de l'an VIII	10
Consulat à vie. (1802.)	13
Arrêté consulaire du 10 mai 1802	15
Mode de votation	15
Réponse de Napoléon à la commission du Sénat qui apporte aux Tuileries le sénatus-consulte proclamant le Consulat à vie. (3 août 1802.)	16
Relevé des suffrages	17
Empire. (1804.)	19
Adresse du 27 mars 1804	19
Réponse du Premier Consul. (25 avril 1804.)	19
Sénatus-consulte du 28 floréal an XII	21
Relevé des votes émis	22
Discours de Napoléon en réponse au Sénat apportant le résultat du vote populaire	22

NAPOLÉON III.

Présidence de la République. (1848.)	27
Le prince Louis-Napoléon est nommé représentant du peuple	27
Rentrée du Prince en France. — Manifeste	27
Résultat des élections pour la nomination du chef de l'État	28
Présidence décennale. (1851.)	29
État des esprits à la fin de 1851	29
Appel au peuple. (2 décembre 1851.)	29
Le suffrage universel est rétabli dans son intégrité	32
Formule du plébiscite	32
Résultat du vote des 20 et 21 décembre	32
Discours du Prince Président quand la Commission consultative lui apporte le procès-verbal du dépouillement des votes	33

	Pages.
Empire. (1852.)...	35
Message au Sénat. (4 novembre 1852.)......................	35
Sénatus-consulte du 10 novembre............................	36
Proposition soumise à l'acceptation du peuple.................	36
Message par lequel le Prince Président convie le Corps législatif à opérer le dépouillement du scrutin. (25 novembre 1852.)......	37
Résultat du scrutin...	38
Discours que Napoléon III adresse aux grands Corps de l'État après le rétablissement de l'Empire. (1er décembre 1852.).............	38
Six fois dans un demi-siècle la dynastie Napoléonienne a reçu la consécration du suffrage universel.............................	40
Trente millions de bulletins signés par le Peuple français, voilà les titres de la dynastie Napoléonienne...........................	41
La Constitution de l'Empire, comparée aux Constitutions des monarchies précédentes...	43
Extrait du discours de l'Empereur à l'ouverture de la session de 1861.	43

CONSTITUTION.

Préambule de la Constitution. (14 janvier 1852.).............	45
Constitution faite en vertu des pouvoirs délégués par le peuple français à Louis-Napoléon Bonaparte, par le vote des 20 et 21 décembre 1851...	53

ANNEXES.

N° 1. — Relevé des suffrages dans les élections successives qui ont conféré au prince Louis-Napoléon le mandat de représentant du peuple à l'Assemblée nationale..............................	61
Élections partielles du 4 juin 1848......................	61
Élections partielles du 18 juin 1848.....................	61
Élections partielles du 17 septembre 1848................	62
N° 2. — Recensement général des votes émis le 10 décembre 1848 pour l'élection du Président de la République.................	63
N° 3. — Recensement général des votes sur le projet de plébiscite du 2 décembre 1851, proposé à l'acceptation du peuple français....	67
N° 4. — Recensement général des votes émis sur le projet de plébiscite présenté les 21 et 22 novembre 1852 à l'acceptation du peuple français. — Rétablissement de l'Empire.................	71

www.ingramcontent.com/pod-product-compliance
Lightning Source LLC
LaVergne TN
LVHW051500090426
835512LV00010B/2255